LE PEINTRE JOUVENET.

Au mois de mai de cette année, l'imprimeur Hardel, de Caen, lança dans le commerce l'*Histoire de Jouvenet*.

En trois mois, près de 40 *journaux* et *revues* ont bien voulu rendre compte de ce livre ; près de 100 historiens, littérateurs et artistes ont fait à l'auteur l'honneur de lui donner leur sentiment sur son travail.

Parmi ces 140 appréciations si diverses, se trouve une seule virulente critique, beaucoup de conseils et un grand nombre d'éloges. Je ne veux point examiner si les félicitations et les critiques sont fondées, mais je veux profiter des conseils qui m'ont paru bons, qui m'ont fait réfléchir, étudier de nouveau, me livrer à d'autres recherches, et m'engager à des corrections, à des additions, des redressements, des retranchements devenus nécessaires pour compléter mon œuvre. Cet humble travail était, certes, consciencieux, et je regarde également son amélioration comme une affaire de conscience ; je saisirai par conséquent toujours, comme de bonnes fortunes, toutes les occasions qui se présenteront à moi de passer au creuset mes modestes travaux. Je dirai d'abord que, dans l'*Histoire de Jouvenet*, je n'ai voulu jouer que le plus faible rôle : je n'avais aucune autorité dans la science, les lettres et les arts, j'ai cru que ce que j'avais de mieux à faire était, non pas de prendre le titre pompeux d'architecte, mais bien de conserver partout et toujours les fonctions de simple manœuvre.

1861   1

M. Théodore Le Jeune *(Chronique de Rouen)* a parfaitement traduit ma pensée lorsqu'il parle ainsi :

« M. Le Roy a su s'effacer devant les documents historiques sans faire de style aux dépens de la vérité. Il s'est modestement borné à coordonner les diverses appréciations des hommes considérés comme formant autorité artistique ; en un mot, il ne s'est occupé qu'à faire jaillir la lumière en réunissant une foule d'étincelles éparses, et non pas une œuvre nouvelle, substituant sa pensée à celle de ses prédécesseurs, comme beaucoup d'autres écrivains, moins consciencieux, seraient souvent portés à le faire. »

Voilà ce qu'à écrit l'habile et savant artiste des Musées impériaux.

A ce document, nous ajouterons tout naturellement un passage de la charmante missive que nous fit l'honneur de nous envoyer, le 23 juin, le judicieux et érudit bibliothécaire de Reims, M. Ch. Loriquet :

« Il était imposssible, certainement, d'être plus complet que vous ne l'avez été sur ce peintre, et le soin remarquable avec lequel vous avez recueilli cette masse de renseignements témoigne hautement de votre amour pour les gloires de votre contrée, de votre juste enthousiasme pour le maître, et du zèle infatigable que vous apportez à ce que vous entreprenez dans l'intérêt de l'art et de la science. Par ce temps de folliculaires et de faiseurs de brochures, ce dernier mérite n'est pas du goût de tous, parce que généralement on veut arriver aussi vite en réputation, que l'on marche sur les chemins publics à l'aide de la vapeur. Mais ces œuvres légères passent et s'envolent rapidement ; les travaux sérieux et complets, s'ils ne font pas le même chemin, vont plus droit au but et ils y demeurent. »

3

C'est sans doute la pensée contraire qui inspirait quelques critiques contre mon livre, lorsqu'ils me font le reproche *d'emprunter trop fréquemment,* et de n'être pas toujours assez moi-même.

J'ai donné à Jouvenet, dans la Peinture une place distinguée qu'il mérite, à coup sûr : mais cette appréciation, qu'on a qualifiée d'isolée, a singulièrement déplu à certain écrivain humoriste, et cet esprit chagrin a déchaîné contre moi toute sa colère, ses phrases acerbes et ses épithètes mal sonnantes. Je le plains et ne lui en veux pas. Cependant, à ce sujet, il nous permettra de lui présenter devant les yeux un passage aussi sensé que modéré de la lettre qu'à bien voulu nous adresser un artiste éminent dont nous estimons la compétence infiniment au-dessus de celle de notre critique : c'est M. Bronzé, artiste peintre, conservateur du Musée de Toulon, qui va parler.

« Pour la gouverne du public, je voudrais que l'on ne mentionnât que pour mémoire les artistes d'ailleurs recommandables, mais qui ne sont que les reflets des astres éminents de l'art ; il serait nécessaire de réserver les examens à fond pour ceux qui ont réellement donné du *beau,* une expression véritablement neuve. Cela faciliterait l'équité, pour la distinction toujours bien confuse entre leur valeur respective : la justice en toute chose me séduit trop pour ne pas applaudir à votre œuvre qui me semble de tout point concourir à la réalisation du principe que j'ai la hardiesse de poser, et à l'atteinte du but que j'ose indiquer comme nécessaire. On vous reproche surtout une exagération qu'on serait bien disposé à comprendre si l'on n'entrevoyait une tendance dangereuse pour le goût public ; votre critique part de là pour établir, par des considérations d'esthétique, combien il serait impossible de retirer votre *héros* (ainsi qu'il vous demande ironiquement la permission de l'appeler) de l'honorable second rang où M. Ch. Blanc l'a mis et bien mis. On peut différer de sentiment sur le rang du mérite de Jouvenet ; on peut même, ce qui se comprend moins, se contester sur la vraie filiation de son talent, sans qu'il soit pour cela possible de lui retirer la qualification d'illustre que lui a décernée l'opinion de tous les temps, et que M. Landon a consacrée, en quelque sorte, en le faisant graver dans la collection des peintres les plus célèbres de toutes les écoles. Nous savons qu'en matière d'imagination surtout, les doctrines n'ont rien d'absolu, les axiomes cèdent la place au sentiment et l'on doit toujours pouvoir en appeler ; néanmoins, quelque respectable que soit l'autorité de votre critique, elle ne saurait s'exercer ici sans rencontrer un jugement établi par une compétence pour le moins aussi respectable ; vous remarquerez que, dans cette collection de peintres célèbres, l'école française ne figure qu'avec trois noms et que lors même qu'on ne serait que le troisième pour représenter l'art français, vis-à-vis de Raphaël, etc., on comprendrait difficilement le goût qui voudrait lui marchander l'exaltation ; dans les arts, l'enthousiasme doit être la faiblesse et la force de ceux qui les aiment ou les pratiquent. Il faut également remarquer l'absence de Le Brun, et déduire dans son vrai sens par rapport à l'originalité de Jouvenet. Quant à l'argument présenté comme définitivement péremptoire, à savoir : que Restout, peintre relativement médiocre, peut mêler et laisser ses œuvres à la charge de son maître, je répondrai au malveillant critique, et il doit le savoir aussi bien que personne, qu'il n'est donné qu'à un bien petit nombre de distinguer l'abîme qui peut exister entre deux œuvres d'art d'égale apparence. Sans doute votre adversaire manque de bienveillance et de pudeur, il se laisse aller trop volontiers à ce tort général des écrivains critiques, qui consiste à vouloir prendre un peu de place sur le piédestal du triomphateur qu'ils ont l'air d'examiner impartialement pour l'en faire descendre sans plus de façon,..... mais tout cela passera........ »

Nous partageons de tout point, sur Jouvenet, le sentiment parfaitement exprimé de M. G. Aston (de l'*Ordre et de la Liberté*, de Caen) :

« Le XVII siècle, dit-il, vit naître à Rouen Corneille, et un peintre digne concitoyen de Corneille, Jean Jouvenet.

» Entre ces deux hommes, il existe d'autres rapports que ceux du hasard de leur naissance. Génies vigoureux, énergiques, austères, tous deux, le peintre comme le poëte, restèrent l'un et l'autre fidèles au christianisme et furent plus que deux grands artistes, ils furent deux hommes de bien. De leur temps, la bohême n'était pas encore inventée, et il n'était point encore reçu que le génie eût, pour se développer, besoin des débraillements de la débauche.

» L'atelier de l'un, le cabinet de l'autre, étaient comme deux sanctuaires, où le peintre et le poète travaillaient saintement, entourés des pensées de la religion, du devoir et de l'honneur. Tous deux vécurent au sein de leurs familles, et l'inspiration les y visita. Elle y vint grande et belle, puissante et féconde, sans que ses blanches ailes fussent souillées par aucun ignoble contact.

» Jouvenet ni Corneille ne travaillèrent en vue des gloires du demi-monde. Leurs œuvres ne sont pas morceaux faits pour le quartier Bréda, et la vocation du peintre fut autre chose qu'un goût pour les Fornarina.

» Aussi dans les salons du Louvre, devant ces magnifiques pages, que peignit l'artiste rouennais, vous pouvez vous arrêter avec calme et sécurité. La crainte que les yeux de votre mère, de votre femme, de votre sœur ne soient choqués par d'impures images, cette crainte presque incessante dans nos musées, vous laisse un instant de repos.

» Autrefois, on parlait peu de la religion de l'art, et on avait écrit peu de volumes sur sa mission humanitaire ; mais l'art était religieux.

» La renaissance sensuelle et lascive ne souilla pas tous les esprits, et Jouvenet n'alla jamais en Italie, Lesueur non plus.

» Ces gens naïfs crurent que la connaissance des procédés d'atelier n'était point le but dernier de leurs efforts ; ils pensèrent qu'en gardant intacte l'originalité de leur génie austère, ils seraient aussi grands qu'en faisant des pastiches, et ne s'enregimentèrent point dans aucune école.

» Leur vie fut une vie de travail éclairé par la foi. Quand Jouvenet conçut son tableau de la *Résurrection de Lazare*, il n'avait pas consulté la païenne tradition des maîtres italiens ; il avait lu l'Evangile, et l'inimitable majesté du récit sacré inspira son pinceau.

» Après avoir longuement erré au milieu des immenses galeries du Louvre, au travers de cette réunion prodigieuse de tant de chefs-d'œuvre divers ; quand les yeux et l'esprit sont fatigués d'allégories et de batailles, d'études de chiens et de chairs de courtisanes, de mythologie et de falsifications historiques ; alors qu'on est rassasié de tant de tableaux voluptueux qui profanent l'art religieux, c'est alors que, dans une salle écartée, on trouve les tableaux du peintre normand, et l'admiration qu'on croyait épuisée en soi se ranime sous une forme nouvelle.

» On a contemplé Raphaël et Murillo, on vient peut-être de passer quelques heures devant la *Cène* de Léonard de

Vinci ; la chair éblouissante de Rubens palpite encore sous votre œil étonné ; mais vous avez assez de ces merveilles de la couleur et de la forme. — Eh bien, voilà autre chose. La palette de Jouvenet est riche aussi et son dessin est correct ; mais ceci n'est rien. Il y a dans ses tableaux quelque chose de plus grand et de plus beau que l'art lui-même. Il y a la pensée, il y a la foi vivante, il y a l'Evangile parlant la langue sublime. » -

J'en ai dit assez pour faire comprendre le rôle que j'ai choisi dans l'*Histoire de Jouvenet,* rôle que j'ai voulu jouer tout entier, mission que j'ai voulu constamment remplir.

Voilà pour les redressements dont j'ai parlé.

Arrivons aux corrections, additions, rectifications.

A quelque chose malheur est bon : malgré les dispendieuses recherches, les voyages pénibles, les laborieuses consultations que j'avais faits pour écrire mon livre, on peut voir combien il me restait encore de terrain à défricher : *pendant mon impression de* 8 *mois entiers,* il m'est arrivé de toutes parts assez de matériaux pour remplir un supplément de 32 pages de texte en petits caractères.

Depuis que mon livre est dans le monde, je pourrais ajouter un nouveau supplément presque aussi considérable que le premier.

J'en donnerai seulement une idée. Commençons par quelques additions.

M. A. Darcel *(Journal de Rouen,* 7 mai), écrit :

« Parmi les tableaux de Jouvenet dont M. F.-N. Le Roy ignore la destination, sont une *Présentation au Temple* et le *Sacrifice d'Iphigénie.* Nous croyons le premier dans la galerie de l'Ermitage à Saint-Pétersbourg, et le second dans celle de Copenhague, d'après M. Dussieux : *Les Artistes français à l'étranger,* 2e édition.

» Le musée du Louvre possède quelques dessins de Jouvenet mentionnés par M. Le Roy, entre autres le croquis de la figure principale du plafond de l'ancienne salle du Parlement de Rouen, plafond qui a été détruit par accident en 1812, dont M. Floquet possède heureusement une esquisse. »

Notre excellent ami, M. A. Siret, Sous-Préfet de Saint-Nicolas (Belgique), directeur du *Journal des Beaux-Arts*, nous signale (30 décembre 1859) cette omission :

« Je remarque dans le chapitre des graveurs de l'œuvre de Jouvenet que vous ne citez pas la gravure de Thomassin, d'après le *Magnificat*, peint en 1717 de la main gauche. »

Le savant et obligeant M. Deville veut bien nous envoyer deux additions au tableau généalogique de Jouvenet :

« *Noël* ou *Nouel Jouvenet*, d'après des pièces manuscrites qui sont passées sous mes yeux, fut reçu maître-peintre de la Corporation des peintres de Rouen, en 1662.

» *Laurent Jouvenet*, dit aussi *Jouvenel*, son père, fut chargé, en 1594, de peindre et dorer le grand tabernacle en bois de l'autel de la chapelle de Saint-Etienne de la Cathédrale de Rouen, sous la tour de Beurre. Il reçut la somme de 8 livres 7 sols pour ce travail. »

M. Victor Le Sens, membre de la société académique de Cherbourg, est propriétaire d'un tableau de Jouvenet qui lui a été donné récemment par son oncle, M. Victor Asselin, artiste peintre.

» Cette toile admirable, nous écrit M. Le Sens, à la date du 21 juin dernier, faisait partie du mobilier d'un ancien hôtel ; elle a 0ᵐ 75 de hauteur sur 0ᵐ 55 de largeur. Le tableau représente sainte Anne faisant lire la sainte Vierge. Sainte Anne, vue de face, est assise sur un siége à dossier ;

sa fille est à genoux près d'elle ; saint Joachim, appuyé sur le dossier du siége contemple l'enfant.

» De nombreux amateurs jettent sur mon tableau des yeux de convoitise. »

C'est bien là, sans doute, la reproduction des tableaux de Florence *(Histoire de Jouvenet,* p. 203) et de l'église de saint Paterne d'Orléans (p. 488). Voilà une esquisse que nous ne connaissions pas, et nous remercions vivement M. Le Sens de nous en avoir donné la description.

Pour le tableau d'Orléans, nous ajouterons les nouveaux et utiles renseignements que veut bien nous fournir notre savant correspondant M. le Chanoine de Torquat :

« Le tableau qui vous intéresse est aujourd'hui entre les mains d'un de nos artistes qui le copie ; j'ai pu l'examiner à loisir et en juger. C'est la reproduction exacte du tableau de Florence attribué à Jouvenet : *l'éducation de la Vierge.* Je crois que notre église de Saint-Paterne n'a qu'une copie de l'original de Jouvenet, et une copie bien enfumée, composée de cinq pièces de toile cousues ensemble. Les contours en sont rudes et secs. Le dessin hardi et à grands traits. Cependant elle a de la valeur. Les anges qui couronnent le tableau sont au nombre de six et d'un meilleur faire que le reste des peintures. Ils paraissent avoir été ajoutés et se trouvent sur un morceau de toile recousu. Près de saint Joachim, et les mains étendues vers le feu d'une vaste cheminée, une jeune fille se tourne vers la scène principale. Trois autres jeunes personnes, comme dans celui de Florence, travaillent à droite et à gauche.

» Le tableau qui a 2^m 10 de hauteur et 1^m 45 de largeur, appartenait avant la Révolution au couvent de la Visitation d'Orléans. Il n'est point signé. Quelqu'un l'a attribué à Restout qui a laissé plusieurs toiles à Orléans, et il a bien quelque chose du faire de ce peintre. Je crois plus volontiers qu'il est l'œuvre d'un élève de Jouvenet.

» Un M. B***, demeurant à Paris, rue Basse-du-Rempart, 36, avait demandé une copie de ce tableau à un de nos artistes, M. Laloue, pour l'église de Saint-Saëns (Seine-Inférieure). M. Laloue s'est mis à l'œuvre, et aujourd'hui M. B***, qui a changé d'avis, refuse d'accepter le travail qu'il devait payer 500 fr. et qui me paraît les valoir. Je conseillerais à M. le Curé de Saint-Saëns de réclamer ; car je n'ai jamais rien vu de plus gracieux que cette scène de *l'Education de la Vierge*. »

Nous avons appris depuis, à Montérolier, que M. le Curé de Saint-Saëns possède la toile en question, et qu'il a reçu de M. B***, pour l'artiste d'Orléans, la somme de 500 fr.

M. le marquis de Martainville, ancien maire de Rouen, et propriétaire de la magnifique terre de Sassetot-le-Mauconduit (Seine-Inférieure), était grand amateur de belle peinture. Il possédait de superbes toiles dans ses hôtels de Paris (rue Saint-Dominique) et de Rouen (ancienne Tour-Bigot, rue du Moulinet).

Dernièrement, un de nos amis nous donna connaissance de l'existence présumée au château de Sassetot de plusieurs toiles de Jouvenet, provenant de Rouen et de Paris.

Nous nous empressâmes de visiter M. Deschamps de Bois-hébert, légataire universel de M. le marquis de Martainville, fils de l'ancien maire de Rouen. Nous admirâmes en effet, dans la délicieuse résidence de Sassetot, plusieurs tableaux de maîtres parmi lesquels quelques magnifiques portraits sortis des pinceaux des célèbres Rigaud et Vanloo. Il y avait bien aussi deux Jouvenet, mais un seul du grand peintre : l'autre est de son frère François,

C'est d'abord une esquisse parfaitement terminée, et aussi jolie que les grands tableaux, du *Jésus agonisant au Jardin des Olives* de l'église de Vervins.

Pour la description, nous renvoyons le lecteur aux pages 496 et 499 de l'*Histoire de Jouvenet*, car c'est identiquement la même chose.

Cette charmante esquisse n'a coûté, à M. de Boishébert, que la faible somme de 400 fr., à la vente du mobilier de M. le marquis de Martainville.

A l'occasion du tableau d'Orléans, même sujet, nous nous empressons de consigner ici quelques observations et réctifications que nous devons encore à M. le Chanoine de Torquat.

« Je vous avais écrit : *Ingres a visité notre tableau du Jardin des Olives et l'a déclaré du plus beau faire de Jouvenet.*

» Au lieu de *Ingres,* le célèbre peintre actuel; votre imprimeur a lu et imprimé *Jagier,* ce qui ne signifie rien.

» M. Vergnaud a écrit que notre magnifique tableau de l'*Agonie* était signé *Bonnard.* C'est tout simplement une de ces inventions dont M. Vergnaud a été si prodigue, qu'il a fini par perdre tout crédit chez nous.

» Un vieux conservateur de notre Musée, qui savait son Orléans par cœur, m'a dit avoir la certitude que le tableau de Jouvenet appartenant maintenant à notre Cathédrale, avait été commandé à Jouvenet lui-même par les Bénédictins de N.-D. de Bonne-Nouvelle (aujourd'hui l'hôtel de la Préfecture) à Orléans. Et du reste, Monsieur, vous signalez vous-même cette commande dans votre ouvrage. J'ai visité attentivement le tableau de Jouvenet quand il a été démonté et je n'ai vu le nom de Bonnard nulle part, pas même au dos, comme le prétend M. Vergnaud, sur le dire d'un barbouilleur. Le témoignagne de Ingres a confirmé la tradition.

» J'ai été frappé de la ressemblance du tableau de Vervins et de celui d'Orléans. Il y a cependant des différences dans la couleur des apôtres, des anges. Notre tableau présente trois anges dont un seul est vêtu de blanc. Notre saint Pierre n'a pas d'épée. Nous n'avons ni la grotte, ni l'arbre, ni Judas à la tête de gens armés.

» J'ai supposé que notre tableau avait été fait vers 1683, parce que la chapelle de Bonne-Nouvelle fut finie en 1682. Il a pu être commandé plus tard.

» Nous avons de Jouvenet, à la Cathédrale d'Orléans, un tout petit tableau représentant l'*Agonie ;* il n'a pas un mètre carré et ne renferme que le buste de l'Ange et du Christ. Il est très-beau ; mais sans signature. »

M. le Chanoine de Torquat termine ainsi :

« Ce qui nous reste de vitraux peints antérieurs à la Révolution a été fait par un artiste rouennais, parent de Jouvenet, Guillaume Le Vieil, qui fut mandé de Rouen à Orléans en 1685, pour orner les immenses fenêtres de notre Cathédrale de bandes où se retrouvent le soleil de Louis XIV, des AA. LL., des fleurs de lys, les armes du chapitre, de France, de Navarre, etc. Guillaume Le Vieil avait épousé Catherine Jouvenet, cousine de Jean Jouvenet et tante de Restout.

» Restout lui-même nous a laissé trois tableaux signés, qui sont dans un oratoire dépendant de la Cathédrale, et représentant *saint Pierre délivré de ses chaînes, recevant les clés des mains de Jésus-Christ, et guérissant un malade.* Ce sont trois bonnes toiles que j'ai fait nettoyer il y a quelques années. »

Nous avons reproduit, à la page 207, une phrase de M. Houel qui peut induire en erreur. M. Léon de la Sicotière a la bonté de nous la signaler.

« M. Houel s'était trompé dans l'appréciation qu'il avait faite de l'état de notre beau tableau de Jouvenet. La dégradation qu'il signale n'en était qu'apparente. Il est aujourd'hui parfaitement et, complètement restauré et forme le principal ornement de notre Musée. » (*Mariage de la Vierge*, à Alençon).

A propos des peintures de Jouvenet au dôme des Invalides, ce que nous avons dit peut être mal compris sans doute. Nous opérons avec plaisir la rectification de notre savant ami, M. Th. Le Jeune.

« Je vais vous signaler une grave erreur que vous avez accueillie, et à laquelle, malheureusement, votre livre va donner de l'autorité : au sujet de la coupole des Invalides, vous citez, page 85, un parallèle entre elle et celle de sainte Geneviève. Pour la mémoire de Gros, l'un de mes maîtres, je ne puis qu'en être flatté, mais il faut restituer la coupole des Invalides à Ch. de La Fosse, son auteur incontesté autant qu'incontestable. Je puis vous en parler en connaissance de cause, puisque, au nombre de mes travaux publics, j'ai restauré les vingt-et-une grandes fresques du dôme des Invalides. Voici comment se compose sa décoration :

« La coupole, par Ch. de La Fosse ;

» Les douze pendentifs, par Jouvenet ;

» Les quatre panaches, par Ch. de La Fosse ;

» La voûte du Baldaquin, par Noël Coypel ;

» Les quatre embrasures des fenêtres du Baldaquin, par Louis et Bon Boullongue. »

Les *Beaux-Arts* (1er août 1860), contiennent la note suivante :

« Le musée du Louvre vient de recevoir une des œuvres les plus importantes de Jouvenet : la *Visitation* qu'il peignit de la main gauche lorsqu'à la fin de sa vie la paralysie vint immobiliser tout son côté droit. Ce tableau est signé : *J. Jouuenet, dextra paralyticus, sinistra fecit*, 1716. »

Enfin, M. Dusevel, lauréat de l'Institut, inspecteur des monuments historiques de la Somme (dans la *Picardie*, juillet 1860), nous signale un ouvrage à consulter que nous avons omis d ajouter à notre liste, et qui eût pu nous être de quelque profit : *Observations historiques et critiques sur les erreurs des peintres, sculpteurs et dessinateurs dans la représentation des sujets sacrés*, 2 vol. in-12, attribués à l'avocat Molé.

Le second Jouvenet que nous avons rencontré au château de Sassetot, est un fort beau portrait d'une dame Bigot de Monville, née de Planteroze. Ce buste provenait de l'hôtel Bigot, de Rouen, habité en dernier lieu par le marquis de Martainville, l'illustre maire de Rouen, dont la mère était une demoiselle Bigot, nom célèbre dans la magistrature du Parlement de Normandie.

Assurément, ce portrait, ce buste de femme est un des plus gracieux et des plus finis de François Jouvenet. La figure grave et le teint délicat de la châtelaine, son maintien noble et aisé, le coloris vigoureux de sa chair, l'éclat de ses vêtements, la finesse et le goût des broderies, des rubans et des fleurs qui ornent ses cheveux et sa gorge, et puis ce délicieux bras gauche qui s'avance et se pose avec tant de charme et de naturel contre sa riche poitrine, font de cette figure l'un des plus beaux visages féminins qui aient jamais passé sous le pinceau voluptueux d'un grand artiste.

On lit derrière la toile : « *Paint Fcs Jouuenet de Paris paintre du Roy et paint à Rouen le* 10e *feurier* 1722. »

Il y a encore au château de Sassetot un autre portrait de madame Bigot, qui a beaucoup de ressemblance avec le précédent ; mais il est bien inférieur en mérite, et selon nous il ne doit point être de François Jouvenet lui-même.

Terminons par l'addition de la note du *Moniteur Universel* du 8 juillet 1860.

« On se souvient de la découverte faite, il y a un an environ, dans une modeste église du canton de Saint-Saëns (Seine-Inférieure). Il s'agissait d'un chef-d'œuvre de Jouvenet, l'*Assomption de la Vierge*. Grâce à l'intervention de M. Le Roy, de Cany, à qui nous devons une très-complète histoire du prince des peintres rouennais, cette toile, ignorée jusqu'à ce jour, fut remise en lumière, et toute la presse enregistra avec empressement cette heureuse découverte. Malheureusement cette peinture est très-altérée.

» Les démarches faites auprès de l'administration supérieure par M. Le Roy, de Cany, viennent de recevoir une heureuse solution. Le ministre d'Etat vient d'accorder une somme de quatre cents francs pour compléter celle de six cents francs, nécessaire pour opérer l'enlevage et le rentoilage de ce tableau, haut de plus de trois mètres. Quant à sa restauration proprement dite, M. Théodore Le Jeune, attaché aux Musées Impériaux, l'artiste à qui l'on doit la restauration des douze fresques peintes par Jouvenet dans le dôme des Invalides, ainsi que le Christ donné par Louis XII au parlement de Rouen, et qui est actuellement placé dans la salle du Conseil, au Palais de Justice de cette ville ; M. Théodore Le Jeune, disons-nous, a bien voulu s'en charger sans qu'il en résulte aucune dépense pour la commune. »

Le 8 septembre, dans l'église de Montérollier, canton de Saint-Saëns, a eu lieu, par M. l'abbé Lemetteil, Curé-Doyen, la bénédiction solennelle de ce tableau, restauré avec tant de goût et d'intelligence par M. Le Jeune. Cette inauguration a fourni à M. l'abbé Le Blic, curé de Montérollier, l'occasion d'une charmante fête pour honorer le ministre et l'artiste qui se sont montrés si généreux. La prédication a été faite par M. l'abbé Leclerc, curé de Saint-André-sur-Cailly, près Rouen, sur la beauté de la Vierge, sous les différents points de vue de l'esthétique.

On a voulu, dans cette solennité, nous ménager une part d'éloges que nous sommes loin de mériter. Cependant nous nous félicitons d'avoir été l'instigateur de ce remarquable travail, et d'avoir provoqué une restauration qui procure, à la pauvre église de Montérollier, où nous avons de si chers souvenirs, un des chefs-d'œuvre du grand artiste normand, dégagé des souillures dont des mains profanes l'avaient déshonoré.

Nous sommes heureux d'avoir pu, aidé des conseils de nos amis, des redressements de nos critiques, et de nos propres observations et découvertes, corriger certaines erreurs, rectifier certains jugements, ajouter certaines descriptions nécessaires pour compléter notre premier travail. Nous serons toujour très-reconnaissant aux personnes, écrivains, artistes ou amateurs qui voudront bien nous signaler encore des choses nouvelles qui se rapportent à notre héros, et nous leur offrons, à l'avance, l'expression publique de notre plus vive gratitude. Nous ne négligerons rien jamais de tout ce qui peut contribuer à exalter le mérite, le talent et les vertus du grand peintre dont nous avons eu tant de bonheur à écrire la vie.

F.-N. Le Roy.

AMIENS. — IMP. DE LENOEL-HÉROUART.